荒 了寛

新装改訂版

悩んだときの道しるべ

名僧たちの救いのことば108

日貿出版社

心打つ名僧のことば

洛東　妙法院門跡　菅原信海

ハワイ天台宗別院・荒大僧正の著書の出版をお慶び申し上げる。

畏友荒大僧正とは、大学生時代からの旧交がある。終戦後暫くして、大学へ進学した時、大僧正は大正大学に在学し、私は別の大学に在学していたため、本来なら会う機会がないはずであったが、同じ天台宗の学徒であった関係で、大正大学での学会や会合で、いつも顔を合わせていたのである。若い時からの長い付き合いである。顧みれば、半世紀以上の長い交友関係が続いている。

荒大僧正は、若い時から目立った存在で、いつも積極的で行動派であり、指導力を発揮していた。大学を卒業し、やがて幾星霜を経て、それなりに社会的地位も定まったある日、大僧正がハワイ別院に行くと聞いて、大僧正ならば新天地での大事業を達成できるであろうと確信していた。果たして、現在みるような立派なハワイ別院の整備を成し遂げたのである。

大僧正も私も、それから年を重ね、お互いに歳をとった。ハワイ別院のことを思うと、当然のことながら、早くよき後継者に恵まれ、その人にこの大事業を更に発展させるように托したい、と考えるような歳になったのである。

大僧正も初心に戻ったのであろうか、釈尊が悟りののち、最初の説法である初転法輪で説いた八正道のテーマに従って分類するこの著書を世に問うという。八正道とは、正見・正思・正語・正業・正命・正精進・正念・正定のことである。

いうまでもなく苦の滅に導く八つの正しい実践徳目のことであるが、それは取りも直さず人間として守るべき道を説いているものであって、仏教者の心得るべき基本であるばかりでなく、一般の人々にとっても当然必要なことでもある。人々が八正道を守ったならば、世界の平和も必ずや達成できるであろう。

この八正道の内容に沿って、名僧たちの名言が並べられている。一つ一つ味わい深い言葉が多い。名僧たちの名言が、キリスト教圏の人々にも、等しく心打つ言葉として、通じ合えるものであろうことは、否めないことと思う。いつの世も、世界中のどこででも、通じ合える心に沁みる珠玉の名言が、次々と並べられているのである。仏教者ならずとも、心打たれるに違いない。

荒大僧正の優れた画才によって、適切な挿絵が加えられていて、これらの名言がうまく生かされている。人々の目と心に訴えるかたちで、一冊の著書にまとめられているのである。心から喝采を贈りたい。そして、また次の企画がどんなものか、いまから待たれる気持ちで一杯である。それを期待しつつ、荒大僧正の健闘を祈る。

平成十七年四月吉日

生き方を迷わぬために

名僧に学ぶ自戒のことば

荒　了寛

世の中が豊かになり、便利になり、世界のあらゆる情報が居ながらにして得られる時代になって、それで人間は幸せになったかといえば、むしろ素朴な衣食に甘んじていたころよりも、次々に現れる新商品や情報によって欲望が増幅された分、苦しみや悩みもまた増幅されてきたように思われます。

中でも人間を混乱させているのは、テレビやインターネットなどによって津波のごとく流れ込んでくる情報です。勿論よい情報も必要な情報も少なくありませんが、圧倒的に多いのは犯罪や娯楽に関する情報で、昔は世間を震撼させるような凶悪犯罪も、ゲーム感覚でこともなげに繰り返され、今は日常的な事になり、善良な人たちでも大抵のことは驚かなくなってしまいました。政治家や財界人など、かなり良識的な人でも、善悪・正邪の区別がマヒしてしまったように思われる事件も少なくありません。

何が善で何が悪か、どれが正しくてどれが正しくないのか。勿論それをはっきり区別することは困難だし、時代によっても違ってくるので、その判断は難しくなってきますが、一人の人間がこの世に生まれ、生身で生きていくという事実が変わらない限り、「生きて行くことは苦しみである」という事実は、時代がどう変化しようと変わることはありません。善とは、或いは正とは、とりあえず苦しみから離れること、この現実の苦しみを無くすこと、人に苦しみを与えないこと、その思考と行動こそが善であり、正であり、「人の道」であるということができましょう。それは何よりも自分自身を生かし、築くための道であります。

仏教には「四苦八苦《しくはっく》」ということばがあります。「金を工面するために四苦八苦した」というように日常語としても使われておりますが、仏教とは要するに「四苦八苦の世をどのように生きて行くのか」ということを教えている宗教だということができます。まず「四苦」とは、

① 生まれることは苦しみである。
② 老いることは苦しみである。
③ 病気になることは苦しみである。
④ 死ぬことは苦しみである。

「八苦」とは、この「四苦」に次の「四苦」を加えます。

① 愛する人と別れるのは苦しみである。
② 怨みのある人と会うことは苦しみである。
③ 求めるものが得られないのは苦しみである。
④ 総じてこの世に生きていることは苦しみである。

これらの苦しみは、すべて煩悩と、さまざまな因縁が集まってつくられたものですから、苦しみから脱れるためには、まず己れ自身の煩悩を消すこと、煩悩が無くなれば自ら苦しみも無くなるというのが、お釈迦さまの教えであり、今日ま

で仏教に受け継がれてきた基本的な教えであります。

どのようにすれば、煩悩は無くなるのか。どうすれば、その苦しみが無くなるのか。その方法としてお釈迦さまが説かれたのが「八正道」です。その八正道とは、

①正見（しょうけん）…正しく、ありのままにものを見る。
②正思（しょうし）…正しい思考、思惟を行う。正しい判断をする。
③正語（しょうご）…言葉を正しくする。悪言妄語を慎む。
④正業（しょうごう）…正しい行動をとる。悪いことはせず、善いことは進んで行う。
⑤正命（しょうみょう）…正しい生活をして、欲望を慎む。
⑥正精進（しょうしょうじん）…向上心をもって努力する。
⑦正念（しょうねん）…正しい信念をもち、心を落ち着ける。
⑧正定（しょうじょう）…正しい精神統一をして、物事をよく観る。

というものです。

このように並べて書けば、一つ一つはまことに簡単明瞭ですが、いざ具体的に生活の中に実行していくとなると、まず何が正しいのか、何が善なのかという判断でさえ、誠に難しいことばかりです。

それではこのようなテーマについて、仏道修行に励んだ人たちや各宗の祖師や名僧方は、どのように取り組んできたのか、その遺されたことばをヒントにして、生きて行くための指標となり、力となるようなものをまとめてみたいということ

で、いくつかの例外を除いて、とりあえず日本の名僧方のことばを主として一〇八句選んでみました。それぞれその時代の最高の識者が書いた文章ですから、難解なものも出てきますが、こういうことばを理解することも勿論大事なことですが、まず口に出して読んでみること、声に出して朗々と繰り返して唱えているうちに、自ら身体で理解するようになってくるものです。

「八正道」とは、文字通り八つの道ですが、このうちの一つでも理解し実行できれば、他の七つの道は自ずと具わってくるという関係にあります。例えば、正語〈ことばを正しく使う。人を傷つけるようなことは云わない。〉ということを一つ実行するためには、他の正見、正業等々が関係してきますし、一つ整えば他の七つも自ら整ってまいります。なかなかできることではありませんが、まずそういう心を起こすことが大事です。同様に名僧方のことばが一句でも座右の銘として身につくようになれば、八正道も自ら具わってくると云えましょう。

取り敢えず、この本から一句でも好きなことば、心に響くことばを選ぶことができたならば、それだけでこの本の目的は充分に達せられたということになりましょう。その一句の重みと、さらにその奥を知るためには、改めてそのことばを遺した名僧方の生き方について、著書や解説書を参考に読まれることをお勧め致します。

この度は本書の巻頭に、妙法院門跡・菅原信海御門主様から私のような者に誠に勿体ないお言葉をお寄せ頂きましたこと、厚く御礼申し上げます。

目次

◎正　業

◎正　命

◎正精進

正見…正しく、ありのままにものを見る。

人《ひと》は常《つね》に
浄《じょう》頗《は》璃《り》の鏡《かがみ》に、
日《にち》夜《や》の
振《ふ》る舞《ま》いの
うつる事《こと》を思《おも》うべし。

（明恵『栂尾明恵上人遺訓』）

人は悪事や都合の悪いことは隠そうとするが、閻魔大王の鏡には、どんな行いも細大もらさず写されていることを忘れてはならない。

・・・・・・・

Everyone! Night and day(always), look at your actions in a stain free mirror!

風《ふう》命《みょう》
保《たも》ち難《がた》く、
露《ろ》体《たい》
消《き》え易《やす》し。

（最澄『願文』）

人の命は風のように保ち難く、露のように消え易い。しかも、この世に生まれてくるのは、極めて難しく一生は短い。せっかくの命と時間を粗末にしてはならない。

・・・・・・・

Fortune’s wind is hard to keep, morning dew melts quickly.

老《お》いもよし、
若《わか》きもよし、
お天《てん》道《とう》さまは
ひとつじゃ。
生《い》きるもよし、
死《し》ぬるもよし、
人《ひと》はひとつじゃ。

（楞西『松記』）

老人も若者も、生きていることはいいことだ。太陽は一つ、朝に昇り夕に沈む。老いも若きも等しく照らす。
生きるもよし、死ぬるもよし。人はみなひとりで生き、ひとりで死ぬ。怨みも憎しみも、恐れも不安もない。

・・・●・・・

For young or old, the road to heaven is the same. Life and death are part of being human.

もし衆生《しゅじょう》を
度《ど》せんと欲《ほっ》せば、
その性《しょう》を
分別《ぶんべつ》することなかれ。

（最澄『顕戒論』）

人を救おうとするなら、その人がどんな人間かなど詮索してはならない。

• • • ● • • •

If one desires to help all sentient beings “cross over,” then we must be able to recognize each and every sentient being.

心《こころ》暗《くら》きときは、
即《すなわ》ち遇《あ》う所《ところ》
悉《ことごと》く禍《か》なり。
眼《まなこ》明《あき》らかなるときは、
則《すなわ》ち途《みち》に触《ふ》れて
皆《みな》宝《たから》なり。

（空海『性霊集』）

心が迷い、ものごとがよく見えない時は、見るもの聞くものみな禍となる。心整え、ものごとがよく見える時は、見るもの聞くものみな宝となる。

・・・●・・・

Sadness makes things worse and worse. For the happy, everything is precious.

君《きみ》看《み》よ
双眼《そうがん》の色《いろ》、
語《かた》らざれば
憂《うれ》い無《な》きに似《に》たり。

（良寛『良寛全集』）

この二つの瞳をご覧なさい。何も語らなければ、何の苦しみも悲しみも無いように見えるでしょう。しかし、人はみな誰にも語れない苦しみや悲しみをもっているものですよ。

・・・・・・・

The “color” that attracts thine eyes, wordless, sorrow, see it as worthless.

人《ひと》の悪《わる》きことは
よくよく
見《み》ゆるなり。
わが身《み》の悪《わる》きことは
覚《おぼ》えざるものなり。

（蓮如『蓮如上人御一代聞書』）

自分の短所や欠点は見えないけれども、他人の短所や欠点はよく見えるものだ。

・・・・・・・

Don’t dwell on the evil of others, awaken to the wrongs of my own doing.

曲直用《きょくちょくよう》に中《あた》って
損《そん》することなく、
賢《けん》愚《ぐ》器《うつわ》に
随《したが》って績《しょく》有《あ》り。
（空海『性霊集』）

巧みな大工は曲がった木も真っすぐな木も、木の性質を損なうことなく適所に使いこなして家を建てる。聖君は人の登用に当たって、賢い者も愚かな者も能力に応じて、それぞれ功績が立てられるように配置して活用する。

• • • • • • •

Not hampered by the straight, nor the crooked, the smart and ignorant alike can be used purposefully. Given curved or straight wood, the skillful carpenter can build a home, unencumbered by the particulars of the wood itself. Given the role as spiritual guide, the sage can make practical use of a person's skills and merits, be they smart or ignorant.

生死《せいし》の大事《だいじ》を
了畢《りょうひつ》せんと思《おも》えば、
まず無上菩提心《むじょうぼだいしん》を
おこすべし。
菩提心《ぼだいしん》とは
無常《むじょう》を観《かん》ずるの心《こころ》
これなり。

（大智祖継『仮名法語』）

四苦八苦のこの世を越えて行こうと思ったら、まず菩提心をおこせ。菩提心とは、この世の無常迅速の姿をありのままに観ることである。

Pass through life and death with the awakened Bodhi Mind! Realize that all things pass!

愚《ぐ》人《にん》の見《み》るは
おそろし。
おのれに利《り》欲《よく》あれば
人《ひと》をも其《そ》の心《こころ》を
以《もっ》て見《み》るなり。
色《いろ》ふかきは
色《いろ》を以《もっ》て見《み》るなり。

（至道無難『至道無難禅師法語』）

おろかな人のみる目というものは恐ろしい。利欲の深い者はその目で人を見る。色欲の深い者は色欲の目で人を見る。

・・・●・・・

Looking at the unenlightened is scary. Before helping others, look at the heart. People obsesse with sex see sex everywhere.

愛《あい》憎《ぞう》に
随《したが》って浮《ふ》沈《ちん》し、
貴《き》賎《せん》に任《まか》せて
軽《きょう》重《じゅう》す。

（空海『秘蔵宝鑰』）

凡人は愛しているか、憎んでいるかによって人を評価し、身分が高いか、低いかによって人の軽重をはかる。

・・・・・・・

To eradicate evil and erotic thoughts, discern noble and cheap, frivolous and important.

医《い》王《おう》の目《め》には
途《みち》に触《ふ》れてみな
薬《くすり》なり、
解《げ》宝《ほう》の人《ひと》は
礦《こう》石《せき》を
宝《たから》とみる。

(空海『般若心経秘鍵』)

優れた医者の目には、目に触れるものみな薬となる。宝石を知る者は、石を見ても宝と見る。

• • • ● • • •

The Medicine Buddha cannot find medicine when there's a bug in his eye. The gold miner sees gold in every stone from the mine.

金《かね》をつかむ者《もの》は
人《ひと》を見《み》ず。
鹿《しか》を逐《お》う者《もの》は
山《やま》を見《み》ず。

（虚堂智愚『虚堂録』）

金をつかもうとする者は他人のことは考えない。鹿を追う者は山を見ない。

The money mad can’t see other humans; the deer hunter doesn’t see the mountains.

いずれの時《とき》か
夢《ゆめ》のうちにあらざる、
いずれの人《ひと》か
骸《がい》骨《こつ》に
あらざるべし。

（一休宗純『一休骸骨』）

人生はすべて夢と幻の繰り返しである。服をまとったわれわれの体も、一皮むけばただの骸骨でしかない。

・・・●・・・

Life exists like within a dream. We are all just wearing skeletons.

正思…正しい思考・判断を行う。

学《がく》問《もん》するは、
心《こころ》を
直《なお》さんが
ためなり。

（叡尊『聴聞集』）

学問をするのは心を直すためである。心を直さないで何のための学問か。

・・・・・・・

Cultivate heart and mind by study, all other gifts will flourish.

狂酔《きょうすい》の人《ひと》、
痛狂《つうきょう》は
酔《よ》わざるを笑《わら》ひ、
酷睡《こくすい》は
覚者《かくしゃ》を嘲《あざけ》る。

（空海『般若心経秘鍵』）

酒に酔い痴れた者は、酔わない人をみて嘲笑い、眠たげにうつろうつろしている者は、起きている人を嘲笑う。

・・・・・・・

Drunken sorrows are laughed away; when enlightened, grief changes to morning light.

根《ね》深《ふか》ければ、
枝《えだ》しげし、
源《みなもと》遠《とお》ければ、
流《なが》れながし。

（日蓮『報恩抄』）

根の深い樹は枝葉も繁る。源が遠い河は水も豊かで流れも長い。人も考えること深く、行うこと長ければ大器となる。

Joined with roots, branches flourish; cut off, nothing grows well.

一《いち》事《じ》を専《もっぱ》らにせんすら、
本《ほん》性《しょう》昧《まい》劣《れつ》の根《こん》器《き》、
今《こん》生《しょう》に窮《きわ》め難《がた》し。
努《ゆめ》々《ゆめ》学《がく》人《じん》
事《こと》を専《もっぱ》らにすべし。

（道元『正法眼蔵随聞記』）

能力の無い者は、一つのことに専念しなければ、成し遂げることはできない。ましてや、いろいろなことに手をつけ、心も力も集中できないようでは、何一つものにはならない。

・・・・・・・

Even foolish people “take care of nuts and bolts.” Do well what you are doing without worry!

悠《ゆう》々《ゆう》たる三《さん》界《がい》は
純《もっぱ》ら苦《く》にして
安《やす》き事《こと》なく、
擾《じょう》々《じょう》たる四《し》生《しょう》は、
唯《ただ》患《うれい》にして
楽《たの》しからざるなり。

（最澄『願文』）

悠々として流れ行くこの世界は、苦しみに満ちていて、一時も安らかなことが無い。騒がしく生きている生き物たちは、憂えるばかりで、楽しみがない。

・・・●・・・

Purify all three realms, do peaceful deeds; bring joy to all living things, have no harmful thoughts.

凡《およ》そ差《さ》別《べつ》無《な》きの平《びょう》等《どう》は
仏《ぶっ》法《ぽう》に順《じゅん》ぜず、
悪《あく》平《びょう》等《どう》の故《ゆえ》なり。
平《びょう》等《どう》無《な》き差《さ》別《べつ》も
仏《ぶっ》法《ぽう》に順《じゅん》ぜず、
悪《あく》差《さ》別《べつ》の故《ゆえ》なり。

（最澄『法華去惑』）

区別すべきものを区別しない平等は悪平等である。平等の権利や生命を無視した区別は悪差別である。何れも仏法に適ったやり方ではない。

• • • • • • •

Buddhism brings equality without social grades, preventing class distinction. Without equality, Buddhism languishes, class distinctions become an obstacle.

人《ひと》を待《ま》つに来《き》たらず。
人《ひと》を待《ま》たぬに来《き》たる。
かく思《おも》うことと
叶《かな》わぬあり、
思《おも》うことと叶《かな》うあり。

（至道無難『至道無難禅師法語』）

待っている人が来ないこともある。待ってもいない人がやって来ることもある。この世は思い通りになることもあれば、思い通りにならないこともある。

When waiting, no one ever seems to come. When not waiting, *voila'*, they arrive. Project good thoughts for good results.

已《い》定《じょう》の禍《わざわい》は
免《めん》脱《だつ》し難《がた》しと雖《いえど》も、
未《み》定《じょう》の災《わざわい》は
縁《えん》あれば必《かなら》ず脱《だつ》す。

（最澄『顕戒論』）

既に起きてしまった災害や、起きることが定まっている災害は、避けることが難しいが、これから起きる災害は、縁が整えば脱れることができる。

・・・●・・・

Practice “samadhi” (Zen concentration), and all evil things can be avoided, even evil causes to which I have not yet been awakened.

瞋《いか》りは
これ諸《もろもろ》の善法《ぜんぽう》を
失《うしな》うの根本《こんぽん》、
諸《もろもろ》の悪道《あくどう》に堕《だ》するの
因縁《いんねん》なり。

（智顗『摩訶止観』）

決して怒りを表してはいけない。怒りは諸々の善法を失わせ、悪道に至る原因となる。

Blowing up in anger but once ruins everything and leads us onto the path of destruction and evil.

誓願《せいがん》なければ
牛《うし》の御《ぎょ》する
なきがごとく、
趣《おもむ》くところを
知《し》らず。

(智顗『摩訶止観』)

何事をやろうとしても、目的成就のための誓願がなければ、御者のいない牛のように、どこに行くのか、何のために動くのか分からない。誓願を立て、行いを正しくすれば、必ず目的を達成できる。

If we are without confused intent in our lives, we will be like cattle who can not led and all will be for nothing.

仏《ぶっ》法《ぽう》というは、
只《ただ》今《いま》の我《わが》心《こころ》を
よう用《もち》いて、
今《いま》用《よう》に立《た》てる事《こと》なり。

（鈴木正三『驢鞍橋』）

仏法とは他のことではない。只今、この時、自分の心をどのように使うか、最も有効に使うのが仏法である。

・・・●・・・

The Buddha way is precisely my life here today, something to be done only in the “right her and now.”

六《ろく》趣《しゅ》輪《りん》廻《ね》の因縁《いんねん》は、
己《おのれ》が愚痴《ぐち》の闇路《あんろ》なり。
闇路《あんろ》に闇路《あんろ》を
踏《ふ》みそえて、
いつか生死《せいし》を
はなれるべき。

（白隠慧鶴『坐禅和讃』）

餓鬼になったり、畜生になったり、あるときは人間になったり、阿修羅になったり、六道輪廻を繰り返しているのは、愚かでものの道理がわからず、闇夜の道を歩いているようなものだ。

• • • ● • • •

The fate of being born amidst the six transmitigations is that one must walk the dark path of complaints. Piling complaints upon complaints, abandon the thought of one's death or next life. Whether we are born as a hungry ghost, as an animal, as a human or even as a battling titan, if we don't understand our purpose we will forever be walking the dark evening path.

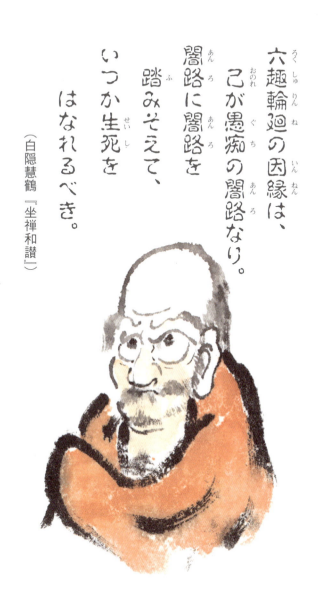

正語…正しい言葉を使う。

人《ひと》のあやまちを
いうほどのものは、
わが身《み》に徳《とく》なき
折《お》りのことなり。

（明恵『栂尾明恵上人遺訓』）

人の欠点や過失をとりあげて責めるのは、自分の短所を表しているようなもの。できた人間は他人の欠点や過ちなど一々口にしないものである。

・・・●・・・

When talking about other’s faults, we destroy all our own virtue.

しるべし、
愛語《あいご》は
愛心《あいしん》よりおこる。
愛心《あいしん》は
慈心《じしん》を種子《しゅうじ》とせり。

（道元『正法眼蔵』）

人を愛する言葉は、愛の心から起こる。愛の心は慈しみの心を種子として起こる。愛の言葉は、天を動かすほどの力のあることを知るべきである。

・・・・・・・

Understand that loving words make a loving heart and that a loving heart gives birth to compassion.

悪《あっ》口《こう》を以《もっ》て
僧《そう》を呵《か》責《しゃく》し
毀《き》呰《し》することなかれ。
悪《あく》人《にん》不《ふ》当《とう》なりと
云《い》うとも、
左《さ》右《ゆう》なく悪《に》くみ
毀《そし》ることなかれ。

（道元『正法眼蔵随聞記』）

乱暴な悪い言葉で、人を叱ったり責めたりしてはいけない。たとえ悪い人であっても、辺り構わず罵ったり、痛め付けたりしてはならない。

A bad mouth makes a bad monk. If you want to do good, let go all kinds of bad thoughts.

むかいて
愛語《あいご》をきくは、
おもてを喜《よろこ》ばしめ、
心《こころ》を楽《たの》しくす。
むかわずして
愛語《あいご》を聞《き》くは
肝《きも》に銘《めい》じ、
魂《たましい》に銘《めい》ず。

（道元『正法眼蔵』）

やさしい言葉を人から直接聞けば、顔も和む。人伝えにでもやさしい言葉を言ってくれたのを聞けば、深く謝し、肝に銘じて一生忘れない。

Always use loving words with everyone, your disciples will be overwhelmed with joy, their hearts will be filled with loving words, as will their liver and their soul-spirit.

直《たと》饒《え》我《わ》れ
道《どう》理《り》を以《もつ》て道《い》うに、
ひと僻《ひが》事《ごと》を云《い》うを
理《り》を攻《せ》めて云《い》い勝《か》つは
悪《あ》しきなり。

（道元『正法眼蔵随門記』）

こちらが正しいからといって、相手の非を理屈で追い責めて打ち勝っても、恨みを残すことになって、よい結果にはならない。

・・・●・・・

Win a battle war of words, lose a friend forever.

妄《もう》語《ご》は第《だい》一《いち》の火《ほのお》なり。
なおよく大《たい》海《かい》を焼《や》く。
いわんや
妄《もう》語《ご》の人《ひと》を焼《や》くこと、
草《そう》木《もく》の薪《たきぎ》を焼《や》くが如《ごと》し。

（源信『往生要集』）

妄語は強い火のようなもので、大海をも焼き尽くす。ましてや人間を焼くことなど、焚き火を燃やすようなものである。

・・・・・・・

Of secret words, the first is (compassion/love's) fire. It can burn the deepest ocean. Yes it can even burn away humans, like straw, and kindling.

人《ひと》はなはだ
悪《あ》しきは鮮《すくな》し。
能《よ》く教《おし》うるをもて従《したが》う。

（聖徳太子『十七条憲法』）

どうにもならないほど悪い人間はいない。どんな人間でも、よく教え、よく指導すれば、教えに従って行くものである。

The fresh, untrained person, bent on evil, can learn to be human.

にくきものは、
人《ひと》の中《なか》をへだてることをいふ。
人《ひと》のかくすことをいふ。
人《ひと》にきずつくる
ことをいふ。
人《ひと》に恥《はじ》かかす
ことをいふ。
人《ひと》にはらだたすことをいふ。
人《ひと》のこまることをいふ。

（良寛『はちすの露』）

聞いて不愉快なものとは、人と人との仲が悪くなるようなことを言う、人が隠していることを言いふらす、人を傷つけるようなことを言う、人に恥をかかせるようなことを言う、人を怒こらせるようなことを言う、人が困ることを言うことである。

• • • • • • •

Despised are those who separate others through their talk, reveal hidden things about others through their talk, harm others through their talk, cause others through their talk, bring others to anger through their talk, and cause trouble for others through their talk.

正業…正しい行動をとる。

吉《きち》日《にち》に
悪《あく》をなすに
かならず凶《きょう》なり。
悪《あく》日《にち》に
善《ぜん》をおこなうに
かならず吉《きち》なり。

（吉田兼好『徒然草』）

吉日とされている日でも、悪いことをすれば凶日となり、凶日とされている日でも、善いことをすれば、吉日となる。

On a lucky day, evil deeds bring misfortune. On a bad day, good deeds make all things heal.

布《ふ》施《せ》というは
不《ふ》貪《とん》なり。
不《ふ》貪《とん》というは
貪《むさぼ》らざるなり。

（道元『正法眼蔵』）

布施とはあまねく施すこと。あまねく施すとは、物惜しみする心を持たないということである。

Don’t be greedy, give it away! Not to covet destroys greed.

人《ひと》の心《こころ》、
元《もと》より善《ぜん》悪《あく》なし。
善《ぜん》悪《あく》は
縁《えん》に随《したが》っておこる。

（道元『正法眼蔵随聞記』）

人の心はもともと善悪は無いものだが、善い縁にあえば善心となり、悪い縁とあえば悪心となる。

The human heart is neither good or evil of itself. Our deeds make it good or evil.

高《こう》処《しょ》は
高《こう》平《へい》に、
低《てい》処《しょ》は
低《てい》平《へい》なるべし。

（道元『典座教訓』）

道具や器など、高い所に置くべき物は高い所に置き、低い所に置くべき物は低い所に置き、壊れぬよう、汚さぬように気をつけよ。

・・・・・・・

Bring peace to the highest and to the lowest.

水《みず》はよく
船《ふね》をうかべ、
また船《ふね》を
くつがえす。
薬《くすり》よく病《やまい》を療《りょう》し、
また身《しん》命《めい》を害《がい》す。

（慈雲『人となる道』）

水は船を浮かべるが、荒れれば船を沈めることもある。薬は病を治すが、誤って用いれば身体を壊し、死に至らしめる。

Water can float a boat and sink it. Medicine can heal sickness, and bring harm!

能《よ》く言《い》うも
行《おこな》うこと能《あた》わざるは
国《くに》の師《し》なり。
能《よ》く行《おこな》うも
言《い》うこと能《あた》わざるは
国《くに》の用《よう》なり。
能《よ》く行《おこな》い能《よ》く言《い》うは
国《くに》の宝《たから》なり。

（最澄『山家学生式』）

学問や知識のある者は、国の師である。学問は無くとも仕事のできる者は、国の用である。学問があり、仕事もできる者は、国の宝である。

One who can speak and perform well, becomes the Nation’s teacher; one who acts well serves the nation; one who both acts well and speaks well is a national treasure.

矢《や》の走《はし》ることは
弓《ゆみ》の力《ちから》、
雲《くも》の行《い》くことは
龍《りゅう》の力《ちから》、
男《おとこ》のしわざは
女《おんな》の力《ちから》なり。

（日蓮『富木尼御前御書』）

矢が飛ぶのは、弓の力である。雲が動くのは、龍の力である。男が事業を成すことができるのは、女の力である。

The speed of the arrow depends on the bow; the strength of the wind depends on thuder; man's strength is from the woman.

君子《くんし》の力《ちから》
牛《うし》に勝《すぐ》れたり。
しかあれども、
牛《うし》とあらそわず。

（道元『正法眼蔵随聞記』）

君子といわれるような人物の力は、牛の力より勝れている。しかし、牛と争うようなことはしない。

The prince's strength is greater than the bull, provided the bull isn't angry.

一《いっ》戒《かい》を
授《じゅ》持《じ》する時《とき》、
諸《しょ》戒《かい》授《じゅ》持《じ》ならず
という事《こと》なし。

（詮慧『梵網経略抄』）

一つの戒をしっかり守っていれば、五戒も十戒も要らない。一つの戒の中にすべての戒が具わっている。

To keep one of the “rules” is to keep them all.

凡《ぼん》夫《ぶ》狂《きょう》酔《すい》して
吾《わ》が非《ひ》を知《さと》らず、
ただし婬《いん》食《し》を
念《おも》うこと
かの羝《てい》羊《よう》の如《ごと》し。

（空海『秘蔵宝鑰』）

狂酔した凡夫は、自分でやっていることが、善いことか悪いことかの判断もできない。ただひたすら、性欲と食欲に駆られている羊のようである。

・・・●・・・

Even though I have no experience of many kinds of evil, I can butt off immoral and glut-tonous images like a wild ram.

汝《なんじ》、何《なん》ぞ悲心《いつくしみ》なき、
復《ま》た何《なん》ぞ寂静《じゃくじょう》ならざる
我《われ》はこれ悲《ひ》心《しん》の器《うつわ》、
我《われ》において
なんぞ悲《あわれみ》なきや。

（源信『往生要集』）

地獄の鬼たちよ、私はもう耐えられないほど痛みも苦しみも受けている体なのに、なお、この上に苦痛を加えようとするのですか。あなたには人を哀れむという心というものが無いのですか。

Hey, you there, where is your compassionate heart? Our heart is the vessel of compassion, there is nothing else in us but compassion.

勢《いきお》い使《つか》い尽《つ》くすべからず。
勢《いきお》いもし使《つか》い尽《つ》くさば
禍《わざわい》必《かなら》ず至《いた》る。
福《ふく》受《う》け尽《つ》くすべからず。
福《ふく》もし受《う》け尽《つ》くさば、
縁《えん》必《かなら》ず孤《こ》なり。
（大慧宗杲『語録』）

力があるからといって力を出し過ぎてはならない。力を出し過ぎると必ず禍を招く。福は受け過ぎてはいけない。福を受け過ぎると妬まれて孤立する。

・・・●・・・

There is no way to measure the “resolute” will to practice. “Desire” for proper practice bringbad fortune. There is no way to measure bad fortune, except one alone, the measure of “karma”(willing even good deeds for self enlightenment “causes” misfortune).

一《いち》度《ど》のちがひが
一《いち》期《ご》のちがひなり。
一《いち》度《ど》のたしなみが
一《いち》期《ご》のたしなみなり。

（蓮如『蓮如上人御一代聞書』）

一度の間違いが、一生の間違いとなる。一度のたしなみが、一生のたしなみとなる。

One step towards judgment, is a whole time period of judgment; one step towards prdence (Wisdom) is a whole period of wisdom.

勝《か》たんと
打《う》つべからず。
負《ま》けじと
打《う》つべきなり。

（吉田兼好『徒然草』）

勝負事は、勝とうとして打ち込んではならない。負けまいとして打つべきである。

If you think you'll win, you will win. If you think you'll lose, you'll lose.

もし人《ひと》、
悪《あく》なくとも
悪人《あくにん》に親近《しんきん》すれば、
後《のち》必《かなら》ず
悪人《あくにん》となる。

(日蓮『最蓮房御返事』)

悪い人間ではなくても、悪い人間と親しくすれば、必ず悪人となる。善い人間でなくても、善い人間と交われば、必ず善人となる。

・・・・・・・

Even if you are good, if you associate with bad folk, you'll soon be bad yourself.

人《ひと》皆《みな》
己《おの》々《おの》の得《え》たる所《ところ》
一《ひと》つあるものなり。
その所《しょ》得《とく》をとりて、
これを用《もち》うれば、
すなわち人《ひと》を捨《す》てず。
（沢庵宗彭『東海夜話』）

人には誰にでも生まれつき備えている長所が一つはあるものだ。その良いところを見極めて用いるならば、どんな人でも見捨てることなく、生かして使うことが出来る。

・・・・・・・

Everyone of us has our own merits. If we put these strong points to good use, great things can hapen.

春《しゅん》蚕《さん》の
煮《に》られんことを
知《し》らずして、
桑《くわ》を食《は》みて
しかも自《みずか》ら
まとうがごとく
なるのみ。

（源信『観心略要集』）

蚕は煮られることを知らず、桑を食べ糸を出して、己自身をまとい包んでしまう。人間は自らの業で自分の身をしばり、自分で苦しんでいる。

Without knowing how to boil silkworms, the threads of the mulberry tree bind oneself. Not knowing how to properly boil silkworms, the threads of the mulberry tree bind one's own body. Our own karma, brought upon my our thoughts, words, and deeds, will bring suffering upon us.

異《い》体《たい》同《どう》心《しん》なれば
万《ばん》事《じ》を成《な》し、
同《どう》体《たい》異《い》心《しん》なれば
諸《しょ》事《じ》叶《かな》うことなし。

（日蓮『異体同心事』）

人が集まって心を合わせれば、どんなことも成し遂げることができる。人が集まっても心を合わせなければ、何もできない。

・・・●・・・

People of different talents but one mind will succeed in all their works; people of similar talents but different mind, will fail in all they do.

人《ひと》は阿留辺幾夜宇和《あるべきようわ》という七《しち》文《も》字《じ》を持《も》つべきなり。

（明恵『栂尾明恵上人遺訓』）

人にはそれぞれの立場や役目があり、それぞれのあるべき生き方がある。老人は老人の、若者は若者の、親には親の、子には子の、それぞれの立場にそれぞれのあるべき姿がある。「あるべきようは」という七文字を常に忘れてはならない。

・・・・・・・

“Let every thing be as it is,” always keep these seven words in mind!

わが心《こころ》の
よくて殺《ころ》さぬにはあらず。
また害《がい》せじと
おもうとも、
百人《ひゃくにん》千《せん》人《にん》を殺《ころ》すことも
あるべし。

（親鸞『歎異抄』）

人を殺すようなことをしないのは、心が良いからではない。殺す理由、その因縁が無いからである。殺さなければならない因縁に遭えば、百人でも千人でも殺すこともあるのだ。

Free our hearts from feelings of “killing ;” Even wanting to hurt someone is to kill a hundred or a thousand.

この一《いち》日《にち》の身《しん》命《めい》は、
とうとぶべき
身《しん》命《めい》なり、
とうとぶべき
形《けい》骸《がい》なり。
（道元『正法眼蔵』）

今日、ただ今、ここに生きている命は、何よりも尊く、この体はこの世に一つしかない、かけがえのない尊い存在なのだ。

Value my life in the “right now” of today; value the bones and marrow living “right now.”

学《がく》道《どう》の人《ひと》、
衣《え》食《じき》を貪《むさぼ》ることなかれ。
人《にん》に皆《みな》食《じき》分《ぶん》あり、
命《みょう》分《ぶん》あり。
非《ひ》分《ぶん》の食《じき》命《みょう》を
求《もと》むとも
来《き》たるべからず。

（道元『正法眼蔵随聞記』）

仏道を学ぶ者は、衣類や食べ物に欲を出すような事があってはならない。人にはそれぞれ食べる糧があり、寿命も決まっている。分をこえた食べ物や寿命を望んでも、叶うものではない。

Begging for food teaches the “Way.” Everyone has their nature given share of food, and life. We’ll never get what is not our own share.

病《やまい》に二義《にぎ》あり。
一《いち》には因中《いんちゅう》の実病《じつびょう》、
二《に》には果上《かじょう》の
権病《ごんびょう》なり。

（智顗『摩訶止観』）

病気には二種類がある。一つは原因のはっきりした実病、もう一つは心によって生ずる権病である。

• • • • • • •

There are two kinds of sickness, those caused by real deeds, and their later (karmic) effects.

ひとしく人《ひと》の
見《み》る時《とき》と同《おな》じく、
蔵《かく》すべき処《ところ》をも隠《かく》し、
慚《は》ずべき処《ところ》をも
はずるなり。

（道元『正法眼蔵随聞記』）

人が見ていても、見ていなくても、隠すべきところは隠し、慚じるべきところは慚じる心を持たなければならない。

・・・・・・・

To be impartial, realize that people hide what they want, and reveal what they want.

大象《だいぞう》は
兎径《とけい》に遊《あそ》ばず、
大悟《だいご》は
小節《しょうせつ》に拘《かかわ》らず。

（永嘉玄覚『証道歌』）

大きな象は兎の歩く細い道を歩かない。真に悟りを得た者は、小さな迷いに拘らない。

• • • • • • •

Elephants don't walk on rabbit paths; the truly enlightened aren't trapped by pettiness.

うらを見《み》せ
おもてを
見《み》せて
散《ち》るもみじ。

（良寛『はちすの露』）

秋の夕暮れに、はらはらと裏を見せ表を見せながら、紅葉の葉が散って行く。若いうちは表を飾り、裏を隠すようにしているが、老いてくれば、表も良し裏も良し、表裏がそのまま人間の本来の姿なのだ。

In front and behind, only scattered maple leaves.

財《ざい》は
これ身《み》を
焼《や》くの火《ひ》。
身《み》もまた
菩《ぼ》提《だい》の怨《えん》なり。

（源信『往生極楽偈』）

金や財産は身を焼く火となる。身体は悟りのあだとなる。

Our wealth of talents burns us like fire; fuel for Bodhi enlightenment, our bodies.

師子《しし》の獣《じゅう》は
応《まさ》に師子《しし》吼《く》して
師子《しし》の業《ごう》を作《な》すべし。
野干《やかん》は
鳴《な》いて野干《やかん》の
業《ごう》を作《な》すに非《あら》ず。

（最澄『顕戒論』）

獅子は獅子の声で吠え、獅子の業をなす。狐は狐の声で鳴き、狐の業をなす。

・・・・●・・・

The lioness lives to protect her cubs, the wild bird’s work is to cry out.

寒《かん》暑《しょ》到《とう》来《らい》、
いかんが回《かい》避《ひ》せん。
何《なん》ぞ無《む》寒《かん》暑《しょ》の処《ところ》に
去《さ》らざる。

（圜悟克勤『碧巌録』）

寒いとか、暑いとか、なぜ嘆いているのだ。寒かったらなぜ、寒くないところへ移らないのか。暑かったらなぜ、暑くないところへ移らないのか。

・・・・・・・

When winter and summer come, we try to avoid it. When it isn’t winter and summer, we worry about their coming.

色《いろ》と族《ぞく》と
及《およ》び多《た》聞《もん》ありと雖《いえど》も、
若《も》し戒《かい》と智《ち》無《な》くば
禽《きん》獣《じゅう》の如《ごと》し。

（源信『往生要集』）

姿も美しく、家族も繁栄し、知識が高度で豊富であっても、自分を戒め、生きる智慧をもたなかったら、鳥や獣が生きているのと同じようなものだ。

・・・●・・・

Even though I have no experience of many kinds of evil, I can butt off immoral and glut-tonous images like a wild ram.

正精進…向上心で努力する。

道《どう》心《しん》の中《なか》に
衣《え》食《じき》あり。
衣《え》食《じき》の中《なか》に
道《どう》心《しん》なし。

（最澄『伝述一心戒文』）

道を求めて努力している人には、自然と衣食が具わってくるものです。衣食ばかりを求めている人には、道を求める心は生まれない。

Though spiritual practitioners need livelihood, that in and of itself is not the spiritual path.

因《いん》なくして
果《か》を得《え》るは、
この處《ことわり》あることなく、
善《ぜん》なくして
苦《く》を免《まぬが》るるは、
この處《ことわり》あることなし。

（最澄『願文』）

原因が無いのに、結果を得るということはあり得ない。善いことを何もしないで、苦しみから免れようとしても不可能である。

• • • ● • • •

Removing the cause stops the effect; removing goodness, suffering will never cease.

凡《およ》そ人《ひと》の情《じょう》は、
上《うえ》に於《お》いては
等《ひと》しからんことを
楽《ねが》うが故《ゆえ》に慢《まん》を起《お》こし、
下《した》に於《お》いては
適《てき》せんことを
求《もと》むが故《ゆえ》に瞋《しん》を起《お》こす。

（聖徳太子『勝鬘経義疏』）

俗人の心情というものは、すぐれた人を見ても自分と同じくらいだと思い、自分より劣る者には、なぜ私のようにできないのかと、瞋りを現す。

・・・●・・・

Human emotions! When happy, everything's OK. When down, nothing works well.

鉱《こう》中《ちゅう》に其《そ》れ
金《きん》有《あ》りと雖《いえど》も、
若《も》し功《こう》を施《ほどこ》さざれば
終《つい》に得《え》べからず。

（牛頭法融『絶観論』）

鉱石の中に金があったとしても、坑夫が掘り出し、精錬しなければ、金は得られない。

・・・・・・・

No matter how much hard work is done, brass never turns to gold.

如《にょ》来《らい》大《だい》悲《ひ》の恩《おん》徳《どく》は
身《み》を粉《こ》にしても
報《ほう》ずべし。
師《し》主《しゅ》知《ち》識《しき》の恩《おん》徳《どく》も
骨《ほね》を砕《くだ》きても
謝《しゃ》すべし。

（親鸞『正像末浄土和讃』）

如来の大慈大悲の恩は、身を粉にしても報いなければならない。祖師や先達の恩は、身を砕いても感謝しなければならない。

・・・・・・・

If the compassionate Buddha rewards me by pulverizing my body, I am grateful. If the great master in his wisdom breaks all my bones, I say thank you.

地《ち》に因《よ》って
倒《たお》るものの、
還《ま》た地《ち》に従《したが》って
起《た》つがごとし。

（荊渓湛然『摩訶止観輔行伝弘決』）

地につまづいて地に倒れたものは、その地に手をつき、足を踏ん張って、立ち上がる。

・・・●・・・

Go with the flow of nature, not against it.

初《しょ》心《しん》も
是《ぜ》なり。
後《ご》心《しん》も
是《ぜ》なり。

（智顗『摩訶止観』）

仏道修行というものは、初めの心構えが大事だ。終わりも大事だ。初心を終わりまで失ってはならない。

・・・・●・・・

The heart, from beginning to end, seeks only the true and the real.

人《ひと》の鈍根《どんこん》と
云《い》うは、
志《こころざし》の到《いた》らざる
時《とき》の事《こと》なり。

（道元『正法眼蔵随聞記』）

生まれつき能力が劣っているなどといっているのは、真剣にやろうとする気がないからである。

・・・・・・・

The deepest spiritual root is touched when the act of human will is quelled.

何《なに》事《ごと》も
修《しゅ》行《ぎょう》と思《おも》いする人《ひと》は、
身《み》の苦《くる》しみは
消《き》え果《は》つるなり。

（至道無難『至道無難禅師法語』）

どんなに苦しいことも、どんなに嫌なことも、これが修行だと思えば、苦しみも嫌な気持ちも無くなる。

No matter what happens, it is all part of our “practice,” wiping away karmic suffering.

最《さい》下《げ》鈍《どん》の者《もの》も
十《じゅう》二《に》年《ねん》経《ふ》れば
必《かなら》ず
一《いっ》験《けん》を得《え》ん。

（最澄『顕戒論』）

どんなに劣った人間でも、十二年も精進努力して修行に励めば、必ず霊験を得て有能な人材となる。

• • • • • • •

Even the lowliest of creatures has at least one crisis to weather in a twelve year cycle.

逆《ぎゃく》境《きょう》界《かい》は
打《だ》し易《やす》し。
順《じゅん》境《きょう》界《かい》は
打《だ》し難《がた》し。
（一絲文守『緇門宝蔵集』）

逆境を越えて行くことはやさしい。順境を無事に越えて行くのは難しい。

It's easy to strike down (spiritual practice) which goes against the world, but hard to break away from deeds that follow with the world.

東《ひがし》へも
西《にし》へも
行《い》かんと思《おも》い、
一《いっ》足《そく》ずつ運《はこ》べば
必《かなら》ず
行《い》きつくものなり。

（鈴木正三『驢鞍橋』）

東へでも西へでも、行こうと思ったら一歩を踏み出せ。一歩ずつ足を運べば、どんなに遠くても必ず行き着くものだ。

Don't even think of taking one step to the east or west (of center). One leaves the center in a step by step process. (Judging yes or no, good or bad, moves away from the empty center).

石《せき》中《ちゅう》に火《ひ》あり、
打《う》たざれば出《い》でず。
人《じん》中《ちゅう》に仏《ぶっ》性《しょう》あり、
修《しゅう》せずんば顕《あらわ》れず。

（巌宿『語録』）

石には火を出す性質がある。しかし、強く打ち合わせなければ、火は出ない。
人には皆仏性がある。しかし、修行を積まなければ、仏性は現れない。

Within the middle of the rock is fire. Strike it, and fire will come out. Within humans is the Buddha nature. Perfect it, and Buddha will come out.

一《いち》丈《じょう》の堀《ほり》を
超《こ》えんと思《おも》わん人《ひと》は、
一《いち》丈《じょう》五《ご》尺《しゃく》を
超《こ》えんと励《はげ》むべし。

（法然『勅修御伝』）

一丈の幅の堀を超えようとするときは、一丈五尺の堀を超えるつもりで跳べ。

• • • • • • •

If one only takes a yard measure, soon it will be a yard and a half.

切《せつ》に思《おも》うことは
必《かなら》ずとぐるなり。
強《つよ》き敵《てき》、
深《ふか》き色《いろ》、
重《おも》き宝《たから》なれども、
切《せつ》に思《おも》う心《こころ》
ふかければ、
必《かなら》ず方便《ほうべん》も
出《い》で来《く》る様《さま》あるべし。

（道元『正法眼蔵随聞記』）

どうしても成し遂げたいと切に思うことは、必ず成し遂げることができるものだ。念が強ければ、どんなに強い敵も破ることができるし、切に思えばどんなに高価な宝でも、手中にすることができる。

・・・●・・・

If one will but only envision something with all one's heart, it will surely come to fruition. Although confronted by strong adversaries, rare circumstances or even precious treasures, if one implements creative strategies, things will come.

雑《ぞう》学《がく》、心《こころ》を惑《まど》わして
一《いっ》生《しょう》をして
空《むな》しく
過《す》ごさしむる
ことなかれ。

（覚鑁『五輪九字明秘密釈』）

雑多な学問に心を乱して、一生を空しく過ごすようなことはしてはならない。

• • • ● • • •

Our lives are short and it is quite easy for our hearts to get caught up in the trivialities of living. One shouldn't hop from one pursuit to another.

正念…正しい信念をもつ。

鳥《とり》と虫《むし》
鳴《な》けども
涙《なみだ》落《お》ちず。
日《にち》蓮《れん》は泣《な》かねど
涙《なみだ》ひまなし。

（日蓮『諸法実相鈔』）

鳥や虫は鳴いても涙を流さない。日蓮は泣かないけれども、無常の世に苦しむ人達のことを思うと涙が止まらない。

Birds and insects “cry” without tears, Nichiren sheds silent tears.

生《しょう》も一《いち》時《じ》の
くらいなり。
死《し》も一《いち》時《じ》の
くらいなり。
たとえば冬《ふゆ》と
春《はる》とのごとし。

（道元『正法眼蔵』）

生きているときは、生きていることがすべてである。死ぬときは、死ぬことがすべてである。生が死となるのではない。死が生となるのではない。春は春、冬は冬である。冬が春になるのではない。

Life is but a moment, death is but a moment, like passing from winter to spring.

慈《じ》は以《もっ》て
楽《らく》を与《あた》うるなり。
悲《ひ》は以《もっ》て苦《く》をぬくなり。
此《こ》の心《こころ》、此《こ》の念《ねん》、
時《とき》として
憶《おく》せざるなり。

（最澄『伝述一心戒文』）

慈悲とは慈しみと悲しみの心である。慈は人に楽を与え、悲は人の苦しみを抜くことである。仏道を求めんとする者は、この心を片時も忘れてはならない。

• • • ● • • •

Love brings joy, compassion relieves suffering, we must first empty the heart and mind of all images.

悪事《あくじ》を
己《おのれ》に向《む》かえ、
好事《こうじ》を他《た》に与《あた》え、
己《おのれ》を忘《わす》れて
他《た》を利《り》するは、
慈悲《じひ》の極《きわ》みなり。
(最澄『山家学生式』)

悪いことは自分が負い、善いことは他人に与え、自分のことは忘れて他人の幸せを図るのは最上の慈悲である。

・・・●・・・

Accept evil for the self, give good to others; forget self, benefit others : you'll soon reach the pinnacle of loving compassion.

人《ひと》の心《こころ》は
水《みず》の器《うつわ》に
従《したが》うがごとし。
器《うつわ》方《ほう》なれば
則《すなわち》ち方《ほう》なり。
器《うつわ》円《えん》なれば
則《すなわち》ち円《まる》し。

（源信『観心略要集』）

人の心は器の形に従う水のようなものである。四角の器に容れれば四角になり、丸い器に容れれば丸くなる。

• • • ● • • •

The human heart is like a vessel for holding water, square in a square cup, round in a round cup.

他人《たにん》の非違《ひい》に
手《て》をかくべからず。
憎《にく》む心《こころ》にて
人《ひと》の非《ひ》を
みるべからず。

（道元『正法眼蔵』）

他人の悪事や道に反することに拘わってはならない。憎む心で人の過ちを見てはならない。

・・・●・・・

Lend a helping hand, but turn a blind eye to failings.

忿《いかり》を絶《た》ち、
瞋《いかり》を棄《す》てて
人《ひと》の違《たが》うを怒《いか》らざれ。
人《ひと》皆《みな》心《こころ》あり、
心《こころ》各《おの》々《おの》執《と》るところあり。

（聖徳太子『十七条憲法』）

意見ややり方が自分と違うからといって、怒ったり責めたりしてはならない。
人には皆それぞれに思うことがあり、それぞれのやり方がある。

・・・●●・・・

Cut away anger, throw away rage, be patient with others' faults. Look at the human heart, be sensitive to different needs.

物《もの》の興廃《こうはい》は
必《かなら》ず人《ひと》に由《よ》る。
人《ひと》の昇沈《しょうちん》は
定《さだ》んで道《みち》に在《あ》り。

（空海『続性霊集』）

物事が繁栄するのも、廃るのも、人の力によるものである。人の浮き沈みは、道の学び方によるものである。

・・・・・・・

Animals obey human commands, but humans depend on how well the road is built.

或《あるい》は火《ひ》のごとく
信《しん》ずる人《ひと》もあり。
或《あるい》は水《みず》のごとく
信《しん》ずる人《ひと》もあり。

（日蓮「上野殿御返事』）

火のように激しく信ずる人もいる。水のように静かに信ずる人もいる。燃えるような信心は、早く褪め退きやすい。水のように冷静な信心は、褪めることも退くこともない。

・・・●・・・

Some say it's fire, some say it's water.

華《はな》は
愛惜《あいじゃく》によりて
落《お》ち、
草《くさ》は
棄嫌《きけん》を逐《お》うて
生《しょう》ず。

（牛頭山精『天聖広灯録』）

花はどんなに惜しまれていても散り、雑草はどんなに嫌われていても生えてくる。

Loving a flower does not prevent it from fading; grass sandals don’t last a lifetime.

一目《いちもく》の羅《ら》は鳥《とり》を得《う》ること能《あた》わず。

（最澄『山家学生式』）

網の目が一つでは鳥を捕ることはできない。目が幾つも繋がり合っているから鳥が捕れるのだ。一つの宗派、一つの宗教では、この世を救うことはできない。

・・・●・・・

The eye is a net that cannot catch a bird.

発心《ほっしん》正《ただ》しからざれば、
萬行《まんぎょう》空《むな》しく施《ふ》す。
（道元『学道用心集』）

発心が正しくなければ、何をやっても不正に傾き、悪に堕ちる。

If the heart shows itself in its truest form, it will be as blue as the empty sky and giving of itself to the myriad creatures.

夫《そ》れ仏法《ぶっぽう》を
学《がく》せん法《ほう》は、
かならず
まず
時《とき》をならうべし。

（日蓮『撰時抄』）

仏法を学ぼうとするほどの者は、まず時代と世情を学ばなければならない。時と人を離れて仏法はない。

・・・●・・・

The aspirant who would learn the code of Buddha's Wisdom should first learn from the example of time. One who would take it upon himself to learn Buddhism should first learn of worldly matters. Buddhism does not exist separated from people and provisional matters.

他人《たにん》を
益《えき》せんが為《ため》に
起《お》こすならば、
喜《き》怒《ど》哀《あい》楽《らく》の心《こころ》、
みな大《だい》慈《じ》悲《ひ》となる。

（仙厓義凡「観世音菩薩」画賛）

人の助けとなるようならば、喜怒哀楽の心は、すべて仏の心のような深い慈悲の行為となる。

• • • ● • • •

In order to benefit others, our Great Benevolence must contain happiness, anger, sadness and pleasure. This is the Buddha Heart.

正定…正しい精神統一をする。

得《え》難《がた》くして
移《うつ》り易《やす》きは
それ人《じん》身《しん》なり。
発《おこ》し難《がた》くして
忘《わす》れ易《やす》きは
これ善《ぜん》心《しん》なり。

（最澄『願文』）

この世に生まれてくるのは極めて難しいのに、その身体は変わりやすく、儚く死んで行く。善心を起こすのは大変難しいのに、せっかく起こしても、すぐに忘れてしまう。

Dwelling on hardships hurts the body; forgetting hardships fills the heart with goodness.

災難《さいなん》に逢《あ》う時節《じせつ》には
災難《さいなん》に逢《あ》うがよく候《そうろう》。
死《し》ぬる時節《じせつ》には
死《し》ぬがよく候《そうろう》。
これはこれ災難《さいなん》を
のがるる妙法《みょうほう》にて候《そうろう》。

（良寛『山田杜皐宛て手紙』）

避けられぬ災難に遭ったら、逃げずにそのまま受け止めよ。死ぬときが来たら、これが寿命と素直に受け入れよ。これが災難を逃れる最上の方法じゃよ。

Hardships, and even death, are followed by blessing, all a part of the “Marvelous Dharma.”

求《もと》むること
有《あ》れば
皆《みな》苦《く》なり。
求《もと》むること
無《な》くんば
則《すなわ》ち楽《たの》し。

（菩提達摩『二入四行論』）

欲があれば必ず苦がある。欲を捨てれば苦しみも無くなる。

Seeking after “whatever,” brings suffering. Seeking after nothing brings happiness.

高《たこ》うしても
下《くだ》らんことを
忘《わす》るる事《こと》なかれ。
安《やす》んじても
あやうからんことを
忘《わす》るる事《こと》なかれ。

（道元『正法眼蔵随聞記』）

高い地位に有っても、へりくだることを忘れるな。安泰であってもいつか災いに遭うかもしれないということを忘れるな。

・・・・●・・・

Noblest of all is the person who overlooks pettiness; the peacemaker forgets self danger.

径《けい》寸《すん》十《じゅう》枚《まい》、
是《こ》れ国《こく》宝《ほう》に非《あら》ず。
一《いち》隅《ぐう》を照《て》らす、
此《こ》れ則《すなわ》ち
国《くに》の宝《たから》なり。

（最澄『山家学生式』）

直径一寸もあるような宝石は、高価には違いないが、国の宝ではない。一隅を守り、一隅を照らす人材が国の宝である。

• • • ● • • •

Walking an inch or a mile does not make a national treasure; a simple loving smile, this truly is the nation’s treasure.

今日《きょう》は
既《すで》に暮《く》れぬ。
老《お》いはこれを
励《はげ》まざるに到《いた》る。
今年《ことし》漸《ようや》く闌《た》けぬ。
一期《いちご》は急《いそ》がざるに
過《す》ぎぬ。

（源信『策進法語』）

今日も既に暮れた。老いようとしている訳でも無いのに、老いは刻々と迫ってくる。急いでもいないのに、一生は速やかに過ぎて行く。

• • • ● • • •

If today is "sunset," or if I live through hardships to old age; though the year slowly ends, time hastens to my crossing.

大《おお》いなるかな心《しん》や。
天《てん》の高《たか》きは
極《きわ》むべからざるなり。
しかるに心《しん》は
天《てん》の上《うえ》に出《い》ず。
地《ち》の厚《あつ》きは
測《はか》るべからざるなり。
しかるに心《しん》は
地《ち》の下《した》に出《い》ず。

（明庵栄西『興禅護国論』）

人間の心は何と大きいことか。天の高さは極めることができないが、心はその天を越える。大地の厚さは測ることはできないが、心はその底をも貫く。

How great is the human heart. Higher than the highest part of heaven, but not showing itself in the heavens; lower than the thick earth and deep swamps, but not showing it self to the depths of earth either.

それ一《いっ》切《さい》衆《しゅ》生《じょう》、
三《さん》悪《あく》道《どう》を
のがれて、
人《にん》間《げん》と
生《う》まるること、
大《おお》いなる
よろこびなり。

（源信『横川法語』）

貧しくとも辛くとも、地獄の苦に比べたらさほどのことでは無い。地獄や餓鬼、畜生の世界を逃れて、人間に生まれてきたことをまず喜ぶべきである。

・・・・・・・

The noblest human achievement is to take great joy in helping all sentient beings avoid the three evils (greed, anger, and mental judgment).

悲《ひ》心《しん》もて
一人《ひとり》に施《ふ》さば
功《く》徳《どく》の大《おお》いなること
地《ち》の如《ごと》し
己《おのれ》がために
一切《いっさい》に施《ふ》さば
報《ほう》を得《え》ること
芥《け》子《し》の如《ごと》し。

（源信『往生要集』）

慈悲の心で一人の人に施しをすれば、その功徳は大地のように大きい。自分のために多くの人に施しても、その功徳は芥子粒のように小さい。

• • • • • • •

When you bestow compassion to a person with a sincere(true) heart, The merit of that act is as large as the universe. But when you bestow compassion to many people seeking re-cognition, The merit of your act is as small as a poppy seed.

人《ひと》の世《よ》は
好事《こうじ》ばかりにて、
立《た》ち往《ゆ》く
ものに非《あら》ず。
地震《じしん》、雷《かみなり》、
火事《かじ》、大水《おおみず》、
種々《しゅじゅ》の災変《さいへん》も
皆人《みなひと》の世《よ》に
備《そな》わりし事《こと》。

（慧澄『仏心印記饒舌談』）

この世はいいことばかりで、立ち行くものではない。地震あり、雷あり、火事あり、大水あり。この世に起こることは皆、この世に具わっていることなのだ。

・・・●・・・

In the world of humans there is no such thing as only good things happening. Earthquakes, lightning, fires, floods, all sorts of natural disasters occur. So all humans must be ready (to help each other) go through them.

人《ひと》の身《み》の
五《ご》尺《しゃく》六《ろく》尺《しゃく》の魂《たましい》も、
一《いっ》尺《しゃく》の面《おもて》にあらわれ、
一尺《いっしゃく》の顔《かお》の魂《たましい》も
一《いっ》寸《すん》の眼《まなこ》の内《うち》に
おさまり候《そうろう》。

（日蓮「妙法尼御前御返事』）

一人の人間の五尺六尺の体の魂も、一尺の顔の中に現れ、一尺の顔の魂も、一寸の眼の中に現れる。

• • • • • • •

The entire human body, all a man's power and energy, can be seen but with a glance at a man's face. Likewise, to peer within but one eye of a man is to see his entire face.

衆事《しゅうじ》を兼《か》ね学《がく》して、
何《いず》れも能《よ》くも
せざらんよりは、
ただ一事《いちじ》を能《よ》くして
人前《ひとまえ》にしても
しつべきほどに
学《がく》すべきなり。

（道元『正法眼蔵随聞記』）

多くのことをあれもこれもと学ぶよりは、一つのことにすべてを集中して取り組み、人前に出ても十分通用するほどになるような学び方をすべきである。

・・・●・・・

Encumbered by multiple learnings, no true insights will manifest. Yet one who has matered but one thing well can exhibit this publicly. Better than attempting to learn many things at once and constantly flying to and fro in search of knowledge, it is much wiser to master one thing well and thus be without shame in displaying this in public.

一《いち》事《じ》を
こととせざれば、
一《いっ》智《ち》に
達《たつ》することなし。

（道元『正法眼蔵』）

一つのことに専念して成し遂げれば、一つの智慧を得ることができる。あれも、これもと手を出して、心を集中できなければ、何も得ることはできない。

・・・●・・・

Refraining from paying attention to the small and trivial, a man will be unable to move even a step closer to Understanding. Devotion to one simple matterbrings about one degree of understanding. Trying at our hand at this and that, jumping from spot to spot in a jumbled mind won’t produce anything at all.

生《しょう》ぜしも
ひとりなり。
死《し》するも独《ひと》りなり。
されば人《ひと》と共《とも》に
住《じゅう》するも
独《ひと》りなり。

（一遍『一遍上人語録』）

生まれたときも一人、死ぬときも一人である。だから他の人と共に住んでいるときも一人である。

We are born alone and die alone.

名僧略記

本書で取り上げた名僧たちを簡単に紹介します。
文末カッコ内の頁は本文中の掲載頁です。

◆**一休宗純**（いっきゅうそうじゅん）／一三九四～一四八一年

室町時代の臨済宗の僧。民家に生まれたが、後小松天皇の落胤ともいわれる。六歳で京都安国寺の侍童となり、一三歳で建仁寺に移り、一六歳で同寺を出て、諸師に歴参する。一四一五年、近江堅田で厳しい禅道場を開いていた華叟宗曇の弟子となり、宗純と改名。後に一休の号を授かる。華叟の示寂後、大阪高槻に尸陀寺を開き、その後応仁の乱を避けて京都薪村の酬恩庵（現在の一休寺）で暮らす。応仁の乱で焼失した大徳寺を堺の豪商の支援で再興し、一四七四年に大徳寺住持の綸旨を受けた。室町時代の文人たちの参禅の師となった。

著書には『狂雲集』『自戒集』『一休和尚仮名法語』などがある。（一一五頁）

◆**一絲文守**（いっしぶんしゅ）／一六〇八～四六年

江戸時代前期の臨済宗の僧。岩倉具尭の三男。後水尾上皇の帰依を受けて賀茂の霊源寺や丹波の法常寺を開き、近江の永源寺に入り再興に尽力した。文芸に才能を発揮して、烏丸光広・小堀遠州・松花堂昭乗・近衛信尋らとの親交があった。（八六頁）

◆**一遍**（いっぺん）／一二三九～八九年

鎌倉時代中期の念仏聖で時宗の開祖。伊予道後に生まれ、母の死を契機に出家し浄土宗を学ぶが、父の死で在俗した後、再出家する。信濃善光寺で他力念仏の安心を得、念仏勧進の遊行に出る。また熊野本宮で念仏勧進の安心の神託を得る。その後は一所不在の全国遊行を続ける。念仏札を配り、踊り念仏などで布教して庶民の信仰を集めた。

著書には『播州法語集』『一遍上人語録』などがある。（一一九頁）

◆**叡尊**（えいそん）／一二〇一～九〇年

鎌倉時代中期の真言律宗の僧。父は興福寺の僧であるが、一一歳のとき真言宗醍醐寺に預けられ、高野山などで密教を学ぶ。一七歳で同寺の恵操を師として出家し、東大寺戒壇院で受戒した。奈良西大寺を本拠として、各地で戒律の復興と民衆のための社会救済事業に努力した。北条時頼・実時の招きで鎌倉に下向して、説戒・授戒する。晩年は自他の滅罪を祈る光明真言会や放生会を開いた。放生所は全国に一三五六ヶ所に及んだという。また弟子の忍性と文殊供養や施行を行って病人・罪人・非人などの救済、さらに殺生禁断や架橋事業などを行った。（二六頁）

◆**慧澄**（えちょう）／一七八〇～一八六二年

江戸時代後期の天台宗の学僧。一〇歳のとき比叡山安楽院で出家し、大雲の法を継ぐ。その後は八斎戒・十重禁戒、さらに胎蔵界と金剛界の学法灌頂を受けた。さらに具足戒、伝法灌頂も受ける。その間、倶舎論、法華玄義、法華文句、大乗起信論など多くの講義を行い、学僧として活躍した。また紀州徳川家は粉河に十禅院を建立して、慧澄を開基とした。（一一五頁）

◆**圜悟克勤**（えんごこくごん）／一〇六三～一一三五年

中国宋代の臨済宗の僧。宗門第一の書として尊重される『碧巌録』をまとめた一人。（七四頁）

◆**覚鑁**（かくばん）／一〇九五～一一四三年

平安時代後期の僧。新義真言宗の開祖。肥前国に生まれ、一〇歳で父と死別し、上京して仁和寺で真言密教、さらに奈良興福寺で法相学を学び、一七歳で得度。二〇歳で東大寺戒壇院で受戒、さらに高野山にのぼって千日無言の行を成満して、全国を遍歴する。三二歳のとき、紀州根来に大伽藍の建立を志して神宮寺を建てるが、これが後に根来寺となる。しかし、これを聞いた金剛峰寺とに争いが生じて、真言宗の古義と新義の分派に発展する。鳥羽上皇の帰依を受けて高野山に小伝法院を建て、さらに大伝法院の落慶式を上皇の行幸を得て行う。次いで金剛峰寺の座主となったが、高野山の旧勢力や京都東寺などとの争いは絶えず、結局は根来寺へ逃れた。東密と台密を体系化して統一し、さらに念仏を融合させた真言念仏をつくった。真言宗豊山派と智山派の祖となる。

　著書には『五輪九字明秘密釈』『密厳遺教録』『密厳諸秘釈』などがある。（九一頁）

◆巌宿（がんしゅく）／一六一〇～八七年
　江戸時代前期の浄土宗の僧。幼くして両親と死別し、母の縁で伊勢山田の信行院に入る。その後出家して、江戸増上寺に学ぶ。常陸大念寺や江戸伝通院の住職を歴任した後、幕命により増上寺二九世となる。（八八頁）

◆空海（くうかい）／七七四～八三五年
　平安時代前期の真言宗の開祖。讃岐多度に佐伯直田公の三男として生まれる。叔父の阿刀大足に儒学を学び、一五歳で上京し、一八歳で大学へ入学する。たまたま一沙門から虚空蔵求聞持法を授けられ、大学をやめて仏道へ進むこととなる。実践修行に邁進し、二四歳で『三教指帰』を草し、儒教・道教・仏教の三教を論じて仏教の優越性を説く。さらに帰郷して四国の阿波、土佐、伊予などで修行を重ねる。出家・得度の年時については異説もあるが、八〇四年に三一歳で具足戒を受け、『大日経』の奥旨を得たいと念願して、留学僧として遣唐使船に乗って入唐する。長安の青龍寺では恵果に師事して、密教両部の灌頂を受けてインド伝来の密教を受法し、その生嫡となった。八〇六年には帰国して、多くの経論、曼荼羅、仏具、仏舎利などを持って帰国し、「御請来目録」を天皇へ献上した。経論の借覧を通じて天台宗の最澄と交友が始まるが、二度の高雄灌頂ののちに冷却し、密教観の相違や最澄に従った泰範の帰山拒否などから、決別状態に陥った。八一六年には高野山の開創に着手、讃岐万濃池の修築別当にも任ぜられた。また東大寺に真言院を完成させて、南都における密教の拠点づくりを行った。さらに京都に東寺を賜って真言密教の根本道場とし、ここを拠点に真言宗教団を発展させた。毎年正月に宮中に於いて真言法（後七日御修法）を修することも勅許された。このような活動が従来雑密しか無かった日本に純密が広められることとなった。空海の業績は実に他方面にわたり、数々の著作によって密教の体系作りがなされたに留まらず、世界初の庶民のための学校である綜芸種智院の創設、土木治水事業、漢詩文や書道など我が国の文化史上に多大なる足跡を残している。

　著書には『三教指帰』『十住心論』『秘蔵法鑰』など多数がある。（一六・一九・二二・二三・二七・五五・九九頁）

◆荊渓湛然（けいけいたんねん）／七一一～八二年
　中国唐代の儒家。天台智顗の『摩訶止観』を華厳、法相、禅などの諸宗の説を引用しつつ、天台止観の正統性を強調する注釈書『輔行伝弘決』を記している。（八一頁）

◆玄覚（げんかく）／一〇九九～一一三八年
　平安時代後期の法相宗の僧。摂政関白藤原師実の子。興福寺一乗院にて法相・唯識を学ぶ。興福寺別当、権僧正となるが、醍醐寺三宝院の定海が僧正になると、興福寺大衆の上訴で定海が停職となり、玄覚がその代替となった。その後、荒廃した興福寺の再興に尽くした。（七〇頁）

◆源信（げんしん）／九四二～一〇一七年
　平安時代中期の天台宗の僧。恵心流の祖。生駒の葛城に生まれ、幼くして父と死別し、九歳で比叡山へ登り、一三歳で得度受戒して、良源に師事して顕密二教を学ぶ。やがて、比叡山中興の祖、良源の門下生三千人の筆頭として天台教学の奥旨を極めて活躍するが、世俗との交わりを嫌って、横川の恵心院に隠れ、著述と念仏三昧の日々に沈潜した。『往生要集』の執筆は、以後の浄土教信仰の展開に大きな影響を与え、中国でも高い評価を得た。これは「厭離穢土」「欣求浄土」の思想に基づいて、念仏行を行うその実践法を説くものである。信仰の実践に於いては、同心の人々と念仏結社を結成して、今日で云う霊界通信を組織した。また光明真言を誦して土砂加持を行うこともあった。密教呪術と念仏行が渾然と結び合わさった「念仏行」であった。

著書には『一乗要決』『往生要集』『横川法語』『観心略要集』など多数がある。（四三・五六・六二・七二・七五・九六・一一一・一一三・一一四頁）

◆牛頭山精（ごずさんせい）／生没年不祥

中国五代の禅僧。道元禅師の『正法眼蔵』の冒頭に師のことばが引用されている。（一〇一頁）

◆牛頭法融（ごずほうゆう）／五九四～六五七年

中国唐時代の禅僧。牛頭宗の第一祖。三論系の人か。（七九頁）

◆虚堂智愚（こどうちぐ）／一一八五～一二六九年

中国南宋時代の臨済派の禅僧。（二四頁）

◆最澄（さいちょう）／七六七～八二二年

平安時代前期の天台宗開祖。帰化人系三津首百枝の子として近江国に生まれる。近江国分寺で学ぶが、一四歳で得度して、法名最澄と名乗る。二〇歳で東大寺において具足戒を受け、国家公認の僧となるも、奈良を避けて生地に近い京都の日枝（比叡）山に入り、薬師如来を木に刻んで、比叡寺という草庵を建てた。はじめは北宗禅を修して華厳を学んだ後、天台に転じて法華教学を学ぶ。特に鑑真請来の天台典籍などの書写を通じて『法華経』を中心とする一乗思想に傾倒する。七九三年には薬師堂、文殊堂、経蔵を建立して一乗止観院（後の根本中堂）とし、翌年には桓武天皇が参列した。七九七年には天皇の祈祷を修法する一〇人の内供奉の一人に任ぜられる。八〇四年には、船は異なるが空海と共に遣唐使船で入唐し、天台山まで訪ねて天台教学の本流を学び、さらに密教・禅・戒などを学び、翌年帰国した。その後天台宗の年分度者二名が許可されて、天台法華宗を開いた。空海からも密教の教えを学び、高雄の神護寺で灌頂を受けたが、伝法半ばで決別した。また南都六宗の批判を行い、特に法相宗の徳一との論争を続け、天台教義を深めて明確化していった。さらに比叡山に独立の大乗戒壇院を設けて、受戒者を修行させることに奔走した。この制度は最澄の死後七日目に公許され、延暦寺は円・密・戒・禅の四教兼学の一大根本道場として日本仏教の母体となった。後の鎌倉仏教の祖師たちはみな比叡山で学び、浄土宗・浄土真宗・曹洞宗・臨済宗・日蓮宗などを開くこととなった。外護者の桓武天皇が崩御すると孤立感が深まり、九州に巡錫、さらに東国に赴いて下野や上野で法座を開き、灌頂を授けたりして天台教線の拡充を図った。

著書には『守護国界章』『照権実鏡』『山家学生式』『顕戒論』『法華秀句』など多数がある。（一三・一五・三〇・三一・三三・五一・七三・七六・七七・八五・九四・九五・一〇二・一〇六・一一〇頁）

◆慈雲（じうん）／一七一八～一八〇四年

江戸時代中期の真言宗の僧。正法律の祖。一三歳で出家の後、密教・悉曇・禅・神道・儒学を修める。河内長栄寺に住し、正法律を創唱して戒律の復興を目指した。その後生駒山に隠棲して梵語学の研究に専念した。阿弥陀寺で十善戒法を説いた後、河内葛城山の高貴寺に移り、幕府の許可を得て正法律の総本山として、多くの人々から帰依を受けた。更に晩年には神仏習合を排斥した雲伝神道を唱導した。（五〇頁）

◆至道無難（しどうぶなん）／一六〇三～七六年

江戸時代前期の臨済宗の僧。出家を志すが、家業である街道の本陣宿所を継いだ。四〇歳頃に巡化中の妙心寺の愚堂東寔に感化されて、江戸まで随従して出家を果たした。将軍徳川家綱や諸大名の帰依を受けた。（二一・三二・八四頁）

◆聖徳太子（しょうとくたいし）／五七四～六二二年

日本に仏教を根付かせた最高位の貴人とされている。用明天皇の第二皇子として生まれ、推古天皇の即位に伴って摂政となり、政治・外交に活躍すると共に、国家体勢の整備に力を注ぎ、その過程で仏教に深い関心を寄せて、四天王寺・法隆寺などの寺院を建立した。仏教活動として重視されているのは経典の講説で、この講説を裏付けるものとして「三経義疏」（『勝鬘経義疏』『法華義疏』『維摩経義疏』）が存在する。太子は仏教を単に政治理念としてとらえるに留まらず、また病気治癒や国家鎮護といった現世利益、呪術的な儀礼として受容するに留まらず、それを人間の魂に救いをもたらす精神的な糧として受け止め、自身も深く信仰に入っていた。あくまで在俗の信徒でもあったにもかかわらず、死後に太子は中国の天台宗第二祖である南岳慧思の生まれ変わり、或いは観音の化身とする伝説を生み、最澄や親鸞、日蓮といった高徳たちの鑽仰を受けて、やがて太子そのものへの信仰が高められていくことになった。（四四・七八・九八頁）

◆親鸞（しんらん）／一一七三～一二六二年

鎌倉時代中期の僧。浄土真宗の開祖。皇太后宮大進日野有範の子。九歳で青蓮院門跡で出家し、その後比叡山の念仏道場である常行堂の僧であったが、二九歳の時に比叡山を下り、聖徳太子の創建と云う頂法寺六角堂に参籠して、六角夢告という示現を機縁として法然のもとへ入門し、本願他力の専修念仏の教えに帰依した。三五歳で承元の念仏弾圧によって越後国への流罪となり、のちに許されても帰郷せずに、恵信尼と結婚して関東に転居し、非僧非俗を信条とした。常陸稲田の西念寺を拠点として念仏を広め、ここに初期真宗教団が形成された。六三歳で京都へ戻り、『教行信証』などの著述に勤しみ、関東の弟子たちとは手紙のやり取りを頻繁にして、信仰の指導をした。九〇歳で亡くなったが、その墓所が後に本願寺となった。

著書には『教行信証』『愚禿鈔』などの他に『正像末和讃』『浄土和讃』など七五調の仏教讃歌集がある。（六五・八〇頁）

◆鈴木正三（すずきしょうさん）／一五七九～一六五五年

江戸時代前期の僧。三河松平家（後の徳川家）の家臣の家に生まれ、徳川家康・秀忠に仕えて関が原の戦いや大坂の陣で戦功があった二〇〇石取りの旗本であったが、四二歳で出家して臨済・曹洞両宗の諸師に歴参した。三河に恩真寺を創建して勇猛禅・仁王禅を勧めて道俗を教化した。島原の乱後の天草へ赴いて『破吉利支丹』を著してキリスト教の排除に努めた。特定の宗派や教団に属することは無く、生きた禅に徹し、仏法と渡世の術は同じで、各々の職分の中に仏法はあるとした。

著書には『驢鞍橋』『麓草分』『万民徳用』『因果物語』などがある。（三六・八七頁）

◆仙厓義凡（せんがいぎぼん）／一七五〇～一八三七年

江戸時代後期の臨済宗の僧。美濃の貧しい家に生まれ、清泰寺の空印円虚のもとで出家し、一九歳で陸奥高乾院の月船禅慧に参禅してその法を嗣ぐ。俊厳苛烈な禅風の師のもとで一三年間費やしたが、ついに印可をもらわないままに師が逝去、乞食行脚を六年続けて、九州博多に現れたのが三九歳のとき。地獄の底をくぐり抜け、大悟を得て生まれ変わっていた。聖福寺の盤谷に師事して山内の虚白院に住み、同寺の復興に尽力した。師家として多くの傑僧を世に送り出し、融通無碍の境地を飄逸な画風の戯画や書に解き放っていった。奔放にして軽妙洒脱な姿は「博多の一休」とも呼ばれた。（一〇五頁）

◆詮慧（せんね）／生没年不祥。

鎌倉時代中期の曹洞宗の僧。出家の後、比叡山横川で天台教学を学ぶ。道元が中国の宋より帰国して曹洞禅を広めていることを聞いて、その法を嗣ぐ。

著作には『正法眼蔵御聞書』がある。（五四頁）

◆大慧宗杲（だいえそうごう）／一〇八九～一一六三年

中国宋時代の楊岐派禅僧。杭州径山の仏日禅師。その禅風は看話禅と呼ばれる。

著書には『大慧普覚禅師宗門武庫』、遺品には『尺牘与無相居士』がある。（五七頁）

◆大智祖継（だいちそけい）／一二九〇～一三六六年

鎌倉時代後期の曹洞宗の学僧。義尹について出家し、その後、

加賀大乗寺の紹瑾に参禅。一三一四年には元に渡り、帰国後は生地の肥後に住した。（二〇頁）

◆沢庵宗彭（たくあんそうほう）／一五七三〜一六四五年

江戸時代前期の臨済宗の僧。一〇歳で浄土宗の唱念寺に入門し、やがてここを訪れた大徳寺の僧に伴って上京。春屋宗園に参禅する。三二歳で大悟、印可を与えられ、三七歳で大徳寺の第一座となった。紫衣を賜ったが、わずか三日間でその座を去った。やがて「紫衣事件」の幕府の処罰に反抗したことにより出羽国上山に流罪となったが、春雨庵で自適の生活を送る。この頃より武芸者との交流が始まり、出会った者に禅の心法をもって兵法の極意を悟らせている。柳生但馬守に書き与えた『不動智神妙録』は剣禅一如の思想書として有名。のちに後水尾上皇や徳川家光の帰依を受けて江戸品川に東海寺を開き、幕府は法度を撤回した。何物にもとらわれず、不動にして自在の境地に生きるという禅者の理想を生きようとした。

著書には『東海夜話』『不動智神妙録』などがある。（六一頁）

◆智顗（ちぎ）／五三八〜九七年

天台大師。中国天台宗の開祖。梁・陳・隋にかけての中国仏教の総合集成をはかり、天台教学を大成、華厳哲学とともに中日仏教哲学の精華とも称された。一八歳で出家し、各地で修行を重ねて、二三歳で光州大蘇山の慧思禅師のもとで法華三昧を修して開悟した。隋の煬帝の帰依を受けて、智者大師の号を贈られる。三八歳で天台山へ籠もって思索と実修を重ね、天台教学の集成体系化に努めた。その教学はのちに最澄によって日本へと伝えられ、天台宗のみならず、日本仏教の教学や思想に深くかかわっていくこととなった。「天台三大部」は智顗の弟子、灌頂によって記録されたものだが、その後さらに中国天台中興の祖といわれる湛然によって語釈書が著され、天台学を学ぶ者の必須の指導書となり、その後の天台学の発展と普及に大きな役割を果たした。

著書には『法華玄義』『摩訶止観』『法華文句』など多数がある。（三四・三五・六八・八二頁）

◆道元（どうげん）／一二〇〇〜五三年

鎌倉時代中期の僧。曹洞宗の開祖。永平寺の開山。内大臣久我通親の子として生まれるが、三歳で父と、八歳で母と死別し、一三歳で比叡山の横川へ登り、一四歳で戒壇院にて受戒。仏法房道元と名乗った。天台の「本覚思想」から人は何故修行せねばならないのか、という疑問を抱く。長い道程の後、修証一等の「修行が悟りの姿」だという「只管打坐」の思想に到達して、この疑問は解決された。しかし、さらにその問題を追求して山を下り、建仁寺に入って栄西の高弟、明全に師事して禅を学んだ。一二二三年その明全らとともに入宋、明州の港で阿育王山の老典座から、日常の作務こそ仏道修行だという教えを受ける。さらに天童山の如浄のもとで「心身脱落」の境地を得、曹洞禅の法脈を伝授される。帰国後は建仁寺に寄宿して『普勧坐禅儀』を著し、曹洞禅の普及に乗り出してからは、比叡山の衆徒達から反発を招いて、居を山城へ移す。この間に初期道元教団が形成された。そして越前に大仏寺を建てて、これが後の永平寺となる。弟子たちの指導を熱心に行い、特に武士階級の信仰を集めた。『正法眼蔵』の選述を続けた。

著書には『正法眼蔵』『普勧坐禅儀』『永平広録』『学道用心集』筆録による『正法眼蔵随聞記』など多数がある。（二九・三九・四〇・四一・四二・四七・四八・四九・五三・六六・六七・六九・八三・九〇・九三・九七・一〇三・一〇九・一一七・一一八頁）

◆日蓮（にちれん）／一二二二〜八二年

鎌倉時代中期の僧。日蓮宗の開祖。一二歳のころから天台寺院の安房清澄寺で初等教育を受けて、一六歳のときに念仏僧のもとで出家、鎌倉・畿内・奈良・高野山・四天王寺・比叡山などで学ぶ。その当時、鎮護国家の大法であった『法華経』がないがしろにされているとして、その再生を目差すことを決意した。一二五三年四月二八日、清澄寺で「南無妙法蓮華経」と題目を唱えることで、日蓮宗の立教開宗がなされた。そして「念仏無間、禅天魔、真言亡国、律国賊」と他宗を激しく批判していく中で、度々法難にあう。龍口法難ののち、佐渡へ流罪となるが、法華経の中に末法の世の宣教者は苦難を受けるという予告があるが、この法難が法華経が真実である証しであるとして、佐渡で執筆に励んだ。他に独特の髭文字で大書した大曼荼羅本尊を書き示した。流罪放免の後は、幕府に法華経信仰の意味を訴えたが受け入れられず、身延山へ隠棲した。そこから全国の信徒へ手紙や曼荼羅を送って信仰の指導をしたが、病で下山して武蔵池上で亡くなった。

著書には『立正安国論』『開目鈔』『勧心本尊抄』など多数がある。（二八・五二・六〇・六三・九二・一〇〇・一〇四・一一六頁）

◆**白隠慧鶴**（はくいんえかく）／一六八五〜一七六八年

江戸時代中期の臨済宗の僧。幼少時から聞かされた地獄の恐ろしさにおののき、その苦患から逃れたい一心で、駿河の松蔭寺にて一五歳で出家したという。駿河から甲斐、四国、越後などを回り、高僧に参禅。「生涯に大悟一八度、小悟数知れず」と絶えず求道しながら山中で内観の法を修して、三二歳のとき「魔仏一致、邪正一致」を識り、やがて松蔭寺に戻って、住職となって修行に励みながら、参禅者を教導した。その博識は尽きるところが無かったという。そして、京都妙心寺の第一座に昇位して、この頃から白隠と号した。後の半生は教化利他に邁進。求められれば方々で講義を行い、多くの弟子たちを育成した。現在、臨済宗のほとんどの法系が白隠の弟子の門下から発している。公案不要論、念仏禅の隆盛に抵抗を示して、公案を中心とした修行の道筋を規定して、日本人に即した禅を根付かせた。近世臨済宗復興の英傑、中興の祖とされる。大衆には「大道ちょぼくれ」「粉引唄」など、絶妙な語り口で禅を説き、禅の大衆化に寄与した。また、ユーモラスな禅味あふれる禅画を多く遺した。

著書には『夜船閑話』『遠羅天釜』などがある。（三七頁）

◆**法然**（ほうねん）／一一三三〜一二一二年

鎌倉時代前期の僧。浄土宗開祖。美作の国の押領使の子に生まれたが、戦で父を失い菩提寺に引き取られて仏門に入った。その後比叡山に登り、一五歳で受戒して天台僧となった。一八歳で別所黒谷青龍寺に移って約二五年間隠遁修行をしたが、このような僧は上人とか聖と呼ばれた。ここでは恵心僧都源信の流れを汲む念仏僧の叡空に師事して、法然房と号した。その後四三歳のとき中国唐代の浄土宗の祖師、善導の論書『観無量寿経疏』に出合う。これによって法然は、ただ口に出して念仏を称えれば、阿弥陀仏に救われるという専修念仏の立場を確立した。この年が浄土宗開宗の年とされる。山城東山の吉水で教化に努め、公家・武家・庶民の幅広い帰依を得た。この地が後の知恩院となる。このころ『選択本願念仏集』を著すが、専修念仏に対して南都北嶺の批判は激しく、「七箇条制誡」を定めて弟子の非行を戒めるが、ついに専修念仏は禁止となり、法然は四国へ流罪となった。数年の後、帰洛するが既に高齢の身の上、病床で一枚の遺言をしたためる。これが「一枚起請文」である。たとえ学問があっても、一文も知らない愚鈍の身になって、ただひたすら念仏に励めというものだった。

著書には『選択本願念仏集』『浄土三部経大意』『西方指南抄』などがある。（八九頁）

◆**菩提達摩**（ぼだいだるま）／生没年不詳

インドからやってきたという僧。禅宗の開祖とされている。南インドの人で、六世紀初め頃に海路中国に渡り、梁の武帝の尊敬を受けた。河南省嵩山の少林寺に入り、禅の実践による仏教心理の体験を主張。その教えは唐代に確立した。（一〇八頁）

◆**明恵**（みょうえ）／一一七三〜一二三二年

鎌倉時代中期の華厳宗の学僧。親鸞と同じ年に平重国の子として生まれる。八歳のときに両親を失い、九歳で叔父の上覚が居た京都高雄の神護寺に入る。ここで密教と華厳教学を学び、一六歳で東大寺にて受戒して正式な僧となった。三四歳のとき、後鳥羽上皇から神護寺の別所だった栂尾の高山寺を賜り再興して、華厳復興の道場とした。九条兼実・道家や藤原定家・北条泰時らの尊崇を受けた。戒律を重んじて、専修念仏を批判した『摧邪論』などを著して、法然らの浄土系諸宗の隆盛を阻止し、伝統仏教の復興に努めた。明恵は実践重視の僧で、専修念仏を現世重視の立場から批判している。この立場から承久の乱後、苦しむ人々の救済にも従事した。また栄西請来の茶を栽培して、普及させる契機を作った。

著書には『摧邪論』『夢記』門弟が編んだ『明恵上人歌集』などがある。（一二・三八・六四頁）

◆**明庵栄西**（みょうあんえいさい）／一一四一～一二一五年

鎌倉時代前期の臨済宗開祖。千光派の祖。備中総鎮護吉備津神社の神職賀陽氏の子。一四歳で比叡山へ登り具足戒を受け、山岳修行を積み、天台教学や密教を学んだ。一一六八年に入宋し、天台の章疏を持って帰国し、台密葉上流を開いた。一一八七年に再び入宋して、天台山・天童山で懐敞から正統な臨済禅を伝授されて帰国し、博多に聖福寺を開創するが、旧仏教側から排撃されて、臨済禅の布教を停止させられた。しかし、その正統性を主張するために『興禅護国論』著し、東国へ下って鎌倉に寿福寺を開創した。京都には建仁寺を開いて、天台学・密教・禅の三宗兼学とした。そして臨済禅は鎌倉幕府にも認められるようになって、鎌倉と京都を拠点として広められた。栄西は東大寺大勧進職なども務めるようにもなり、また茶の請来に尽くしたことから茶祖ともいわれる。

著書には『興禅護国論』『喫茶養生記』などがある。（一二一頁）

◆**吉田兼好**（よしだけんこう）／一二八二～一三五二年

鎌倉時代後期の歌人・随筆家。後二条天皇に仕えて左兵衛佐となる。その後出家して修学院・比叡山横川などで隠棲生活を送る。歌人としても知られ、関東にも旅をしている。

『徒然草』は仏教の遁世生活を綴った名随筆。（四六・五九頁）

◆**良寛**（りょうかん）／一七五八～一八三一年

江戸時代後期の曹洞宗の僧。歌人・書家。越後の名主の家に生まれたが、跡取りを弟に譲って一九歳で出家する。二二歳で備中の円通寺に大忍国仙を慕って入門。以来、禅の修行に励んで、三三歳で印可を受けたが、師の逝去によって諸国への行脚に出掛け、最後は帰郷して国上山の五合庵に止住した。良寛は終生道元禅師を欽慕した。どこにも属せず、何も持たず、経も読まず、説法も葬式もしなかった。一生清貧に安んじ、子供と戯れ、酒を嗜む生活を送った。漢詩や詩歌に精通して、作風は天衣無縫で深い詩情にあふれているが、自ずから歌人、書家ということは言わなかった。ただ何もしない良寛がそばに居ると、人々の心に灯火を灯したという。盗人に蒲団を与えたという話は有名。

著書には『草の露』『草堂集』『良寛道人遺稿』などがある。（一七・四五・七一・一〇七頁）

◆**楞西**（りょうせい）／生没年不祥

元は禅宗の僧で、後に浄土念仏に入ったという。（一四頁）

◆**蓮如**（れんにょ）／一四一五～九九年

室町時代の浄土真宗の僧。本願寺中興の祖。本願寺第七世存如の長男として生まれ、一七歳で天台宗の青蓮院門跡で出家得度する。父の逝去によって本願寺第八世を継職した。京都から琵琶湖方面の村に「帰命尽十方無碍光如来」という十字の名号を大書した掛け軸を本尊として与える方法で、活発な布教を行った。比叡山の延暦寺衆徒は蓮如に対して新たに無碍光宗をたてて徒党を組み、古来の仏神をないがしろにしていると非難した。さらに一四六五年には本願寺を急襲して堂舎を破却した。金森の念仏道場も攻撃を受けて、蓮如は近江に退いて、北陸地方へと布教活動を始め、越前吉崎に坊舎（吉崎御坊）を建立した。「正信偈・三帖和讃」を開板し、また「御文」と呼ばれる手紙文体の法語を門徒に与えて、やさしく浄土真宗の教義を民衆に説いた。求めに応じては「南無阿弥陀仏」の六字名号を書いた掛け軸を与えた。加賀、越前の争乱が鎮まらないために吉崎を退去して、京都山科に本願寺を再建して、大阪の石山に退隠した。応仁の乱によって足利将軍や守護大名など旧来の勢力が衰退する一方、惣と呼ばれる農民の自治組織が発達した当時、蓮如の教勢は農村に浸透して、農民たちの精神的支柱として発展した。

著書には『御文章』『正信偈大意』などがある。（一八・五八頁）

あとがき

仏典や名僧方のことばを選んで、声に出して唱えられるように読める本をつくりたいと、日貿出版社の鈴木尚さんと話し合ってから、かれこれ一〇年にもなりましょうか。私が寺の行事や画展に追われて、なかなか手をつけられずにいましたが、その間に、「声に出して読む」という本が何冊か出て、大変なブームになりました。まさに、そういう本を出したかったのですが、いざとなると色々と難しい作業もあり、時間も掛かって、延び延びになってしまいました。

もともとお経は、「声に出して読むもの」ですから、口にして繰り返し繰り返し読んでいるうちに、難しいお経のことばも次第に身になり肉になりして、信仰を深め、心のよりどころともなっていったのです。どの宗派でも宗祖のことばを、朝夕の勤行で唱えることにしているようですが、宗祖のことばを一つ一つ身体で覚え、身体で理解し、受け止めて行くためには、最も有効な方法といえましょう。

ここに日本の名僧のことばを中心に一〇八句選んでみましたが、何度か読み返しているうちに、自分の心にぴったりだと思われるようなことばが、或いははっと気づかされたようなことばをいくつか選んで、繰り返し繰り返し唱えるように読んでみることをお勧め致します。その一句で人生が変わったり、或いは怒りにまかせて一言云いたいときに、これらのことばを思い出せば、自分のこころを抑えることができ、事なきを得るということもありましょう。まずは一句、今の自分の心に最も響くことばを選んで下さい。

この本をまとめるに当たって、長い間辛抱強くじっと見守ってくれた、編集部の鈴木尚さんには、本当にお世話になりました。ここに厚く御礼申し上げます。

なお、私自身はアメリカでの開教に携わっているという立場上、アメリカ人に読まれる機会も少なくないので、英文の意訳を添えました。英訳は私の弟子のアメリカ人、マイケル・サソウ博士とダン・プラッサー師の協力によって行われました。併せて両氏に深く感謝申し上げます。

合掌

平成一七年五月　　著　者

荒　了寛（あらりょうかん）

1928年、福島県に生まれる。

大正大学大学院で天台学を専攻。

1973年、天台宗ハワイ開教総長としてハワイに渡る。

ハワイ・アメリカ本土での布教の傍ら、ハワイ学院日本語学校、ハワイ美術院などを設立。日本文化の紹介、普及に努める。自らも独自の画法による仏画を描き、度々インド、パキスタン、中国などに取材旅行を行い、「シルクロードの仏たち」をテーマに仏画制作を続け、毎年アメリカ本土、日本各地で個展を開催。「仏画伝道」を続けている。

著書に『慈しみと悲しみ』『こだわらないとらわれない』『娑婆を読む』『ハワイ日系米兵ー私たちは何と戦ったのか』『365日を穏やかに過ごす心の習慣』画文集『慈しみと悲しみの仏たち』『生きるとはなあ』など多数。

荒　京子（あらきょうこ）

1933年、秋田県に生まれる。法名は了周。

お茶の水女子大学史学科卒業。了寛氏と結婚後、妙法院門跡・杉谷義周大僧正のもとで出家得度、比叡山で四度加行など所定の行を修め、天台宗ハワイ別院副住職として院内行事や新聞・ラジオ等に布教と文化活動に努めている。本書では「名僧略記」を部分担当。

〈連絡先〉
TENDAI MISSION OF HAWAII
23 Jack Lane
Honolulu, Hawaii 96817, U.S.A.

新装改訂版
悩《なや》んだときの道《みち》しるべ
名《めい》僧《そう》たちの救《すく》いのことば108
●定価はカバーに表示してあります

2005年６月１日　初版第１刷発行
2006年９月１日　初版第２刷発行
2015年３月15日　新装改訂版第１刷発行

著　者　荒《あら》　了《りょう》寛《かん》
発行者　川内長成
発行所　株式会社日貿出版社

東京都文京区本郷 5-2-2　〒 113-0033
電話　(03) 5805-3303（代表）
FAX　(03) 5805-3307
振替　00180-3-18495

カバーデザイン　茨木純人
印刷・製本　株式会社サンニチ印刷

ISBN978-4-8170-8210-7　http://www.nichibou.co.jp/